PRINCIPES ÉLÉMENTAIRES DE MUSIQUE,

PAR DEMANDES ET RÉPONSES,

MIS A LA PORTÉE DES JEUNES GENS,

AVEC EXEMPLES,

PAR

CLAVEAU AINÉ,

REVUS, CORRIGÉS ET AUGMENTÉS PAR SON FILS

PH. CLAVEAU,

Professeur de Musique au pensionnat des Frères de la Société de Marie, à Salins.

Prix : 1 Fr. 50 C.

PARIS.

CHEZ PATÉ, MARCHAND DE MUSIQUE, PASSAGE DU GRAND-CERF.

CHEZ COLLINET, 6, RUE DU COQ-ST.-HONORÉ.

A SALINS, CHEZ PH. CLAVEAU.

1845.

Musique imprimée

PAR LES PROCÉDÉS DE TANTENSTEIN ET CORDEL,

90, rue de la Harpe.

Imprimerie HAUQUELIN et BAUTRUCHE,

90, rue de la Harpe.

AVANT-PROPOS.

De tous les beaux-arts, la musique est celui dont le vocabulaire est le plus étendu, et pour l'intelligence duquel la connaissance des principes est absolument nécessaire. Il faut donc s'en occuper et les connaître parfaitement avant que de passer à la pratique.

Nous ne pouvons nous dissimuler que beaucoup de personnes, qui ont cru et croient encore pouvoir se passer des principes, en les jugeant inutiles, ne soient parvenues cependant, avec beaucoup de peine et de travail, à exécuter sur différents instruments les morceaux de musique que le hasard leur présente. Mais quand elles se sont aperçues qu'elles avaient fait quelques progrès du côté de l'exécution, elles ont eu à regretter d'avoir méconnu et négligé les *principes*, qui, au jugement de tous les grands maîtres, doivent servir de régulateur et de boussole à ceux qui veulent exercer et professer le talent sublime de l'harmonie.

Les arts et les sciences ont leurs règles fixes et immuables; et, en les négligeant, on ne peut que s'égarer et s'éloigner de la perfection. Aidé de la force des principes, démontrés par des artistes instruits, l'élève travaille avec plus d'assurance; s'il éprouve des difficultés, il les résout facilement: il s'attache nécessairement et avec plaisir aux choses qu'il conçoit, et parvient insensiblement, avec autant d'aisance que de conception, à la connaissance exacte et parfaite de la musique vocale et instrumentale.

C'est donc avec raison qu'on peut assurer que les principes de la musique sont la base essentielle de l'harmonie.

AUX JEUNES GENS

QUI SE DISPOSENT A L'ÉTUDE DE LA MUSIQUE.

C'est à vous, jeunes élèves, qui commencez à bégayer le langage de l'harmonie, que je présente ce faible tribut de mon zèle pour votre instruction. Mon intention n'est point de vous offrir une nouveauté: je n'ai en vue que d'abréger et d'adoucir vos peines, en soulageant votre mémoire, par une méthode aussi simple que facile.

Quantité d'ouvrages élémentaires ont déjà paru sur cet art sublime, à la connaissance duquel vous désirez parvenir. Mais la plupart, quoique savamment rédigés, n'ont point ce caractère d'intelligibilité qui convient à votre faiblesse et à vos dispositions.

Aplanir les difficultés qui pourraient embarrasser votre inexpérience, vous les présenter sous un point de vue simple et facile: c'est le but que je me suis proposé.

J'ai rédigé ce petit cours de théorie par demandes *et par* réponses. *et je l'ai mis à la portée de votre intelligence. Plus vous l'étudierez, et mieux vous en sentirez les avantages. A côté du précepte se trouve l'exemple; et il vous sera très facile d'en faire l'application.*

Je serais bien flatté si ce faible hommage de mon zèle pour votre instruction pourait, dans la suite, me donner des droits à votre estime, ou du moins à votre indulgence, en présentant aujourd'hui quelque intérêt aux personnes chargées du soin de votre éducation.

CLAVEAU AÎNÉ,
Professeur de musique.

PRINCIPES ÉLÉMENTAIRES DE MUSIQUE,

PAR DEMANDES ET REPONSES,

MIS A LA PORTÉE DES JEUNES GENS.

AVEC EXEMPLES.

ARTICLE I.

DES LIGNES ET DES MILIEUX.

Demande. De combien de lignes se sert-on pour noter la musique?

Réponse. On se sert de cinq lignes tracées parallèlement les unes au-dessus des autres pour former ce qu'on appelle une *portée.*

D. Comment les compte-t-on?

R. En commençant par la plus basse. Exemple:

D. Pourquoi appelle-t-on les cinq lignes *portée?*

R. Parce qu'elles servent à porter les clefs, les notes et autres signes de musique.

D. Combien ces cinq lignes forment-elles d'espaces ou d'interlignes?

R. Quatre espaces ou interlignes. Exemple:

D. Comment se nomme la distance qui se trouve d'une ligne à un espace ou interligne?

R. *Degré.*

D. Combien les cinq lignes et les quatre espaces forment-ils de degrés?

R. Neuf. Exemple :

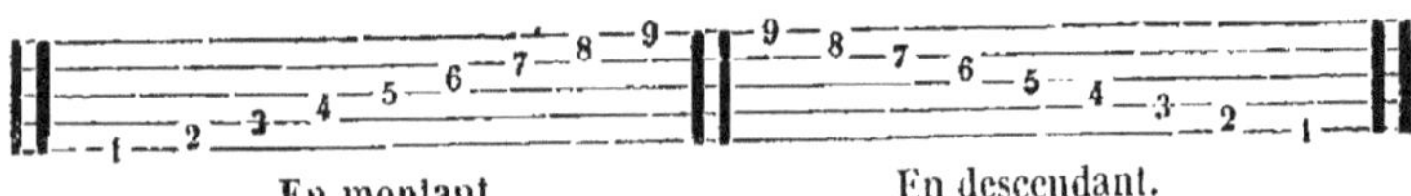

En montant. En descendant.

D. Ce nombre de degrés suffit-il pour rendre la musique?

R. Non, l'on place accidentellement au-dessus et au-dessous de la portée d'autres petites lignes, que l'on nomme lignes *supplémentaires*.

D. A quoi servent-elles?

R. A augmenter le nombre des degrés, et former des sons graves dans le bas et des sons aigus dans le haut. Exemple :

Lignes supplémentaires du dessous. Lignes supplémentaires du dessus.

Sons graves. Sons aigus.

ARTICLE II.

DES CLEFS ET DE LEURS POSITIONS.

D. Qu'est-ce qu'une *clef?*

R. C'est un signe qui sert à donner le nom aux notes.

D. Combien y a-t-il de clefs?

R. Il y en a de trois sortes: la clef de *fa*, la clef d'*ut*, et la clef de *sol*.

D. A quel endroit place-t-on ordinairement une clef?

R. Au commencement d'un morceau de musique quelconque.

D. Peut-on placer indistinctement les clefs?

R. Non : on ne peut les placer que sur les lignes, et jamais dans les interlignes.

D. Sur quelle ligne peut-on poser la clef de *fa?*

R. Sur la troisième ou la quatrième.

D. Sur quelles lignes peut se poser la clef d'*ut*.

R. Sur la première, seconde, troisième et quatrième.

D. Sur quelles lignes se pose la clef de *sol?*

R. Elle se pose sur la première et sur la seconde.

D. Comment se nomme la note qui est posée sur la même ligne que la clef?

R. Elle porte toujours le nom de la clef. Exemples:

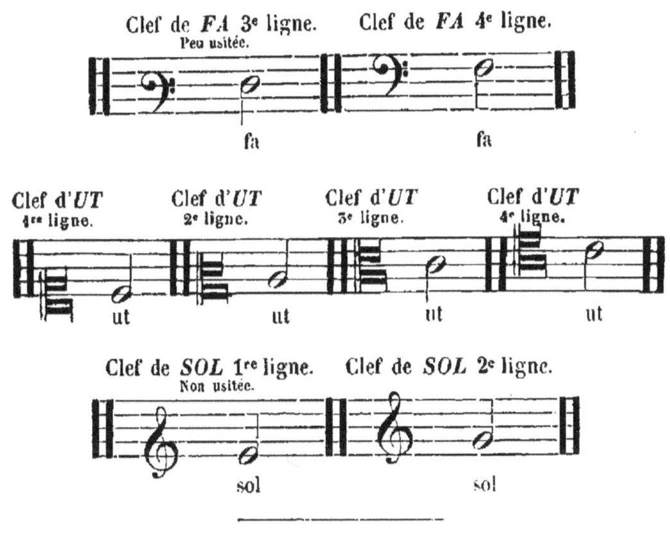

ARTICLE III.

DES NOTES ET DES TONS QUI LES COMPOSENT.

D. Combien y a-t-il de notes dans la musique?

R. Il y en a sept: *ut* ou *do*, *ré*, *mi*, *fa*, *sol*, *la*, *si*, *ut* ou *do*, en montant; et *ut*, *si*, *la*, *sol*, *fa*, *mi*, *ré*, *ut*, en descendant.

D. Vous en avez nommé huit?

R. Cela est vrai; mais la huitième n'est que la répétition de la première; elle se nomme *octave*, étant distante de huit degrés de la première note.

D. Où place-t-on les notes?

R. Sur les lignes et dans les interlignes, ce qui forme autant de degrés dans la portée.

D. Comment se nomme la réunion des huit notes, soit en montant, soit en descendant?

R. *Gamme montante, gamme descendante* ou *diatonique.*

D. Ces notes observent-elles un rang entre elles?

R. Oui; la première note se nomme *premier degré*, la seconde, *second degré*, et ainsi de suite.

D. Combien ces huit notes composent-elles de tons?

R. Cinq tons et deux demi-tons.

D. Où sont placés les demi-tons?

R. Toujours de la troisième note à la quatrième, et de la septième à la huitième.

D. Comment nommez-vous les notes qui forment les demi-tons?

R. *Mi-fa, si-ut*, pour la gamme en *ut.*

D. Peut-on faire différentes gammes?

R. Oui; chaque note peut devenir le premier degré d'une gamme.

D. Donnez-m'en un exemple?

R. *Ré* peut devenir premier degré, et l'on dira alors: *ré, mi, fa, sol, la, si, ut, ré*, et de même pour les autres notes de la gamme.

D. D'après ce que vous venez de me dire, les demi-tons ne seront donc plus placés du *mi* au *fa*, et du *si* à l'*ut?*

R. Non; Car ils doivent toujours être placés de la troisième à la quatrième note, et de la septième à la huitième.

D. Comment opérer ce changement?

R. Par le moyen de différents signes qui servent à hausser ou baisser les notes.

D. Il y a donc autant de gammes que de notes?

R. Oui; en observant que la note par où commence la gamme lui donne son nom et en est le premier degré.

D. On n'emploie donc que sept notes ou sept degrés pour former une gamme?

R. Non; mais l'on peut faire reparaître plusieurs fois cette gamme, soit au-dessus, soit au-dessous de la portée, par le moyen des lignes ajoutées.

ARTICLE IV.

DES FIGURES ET VALEURS DES NOTES.

D. Combien y a-t-il de figures de valeur de notes?

R. Il y en a sept

D. Nommez-les.

R. La *ronde*, la *blanche*, la *noire*, la *croche*, la *double croche*, la *triple croche* et la *quadruple croche*.

D. Laquelle de ces notes a le plus de valeur?

R. C'est la ronde.

D. Qu'entend-on par *valeur?*

R. On entend la durée du son.

D. Qu'est-ce que la *blanche?*

R. C'est une demi-ronde; de manière qu'il en faut deux pour une ronde.

D. Qu'est-ce que la *noire?*

R. C'est la quatrième partie de la ronde; de sorte qu'il en faut quatre pour la ronde et deux pour la blanche.

D. Qu'est-ce que la *croche?*

R. C'est la huitième partie de la ronde; de sorte qu'il en faut huit pour la ronde, quatre pour la blanche et deux pour la noire.

D. Qu'est-ce que la *double croche?*

R. C'est la seizième partie de la ronde; de sorte qu'il en faut seize pour la ronde, huit pour la blanche, quatre pour la noire et deux pour la croche.

D. Qu'est-ce que la *triple croche?*

R. C'est la trente-deuxième partie de la ronde; de sorte qu'il en faut trente-deux pour la ronde, seize pour la blanche, huit pour la noire, quatre pour la croche, et deux pour la double croche.

D. Qu'est-ce que la *quadruple croche?*

R. C'est la soixante-quatrième partie de la ronde. Exemple:

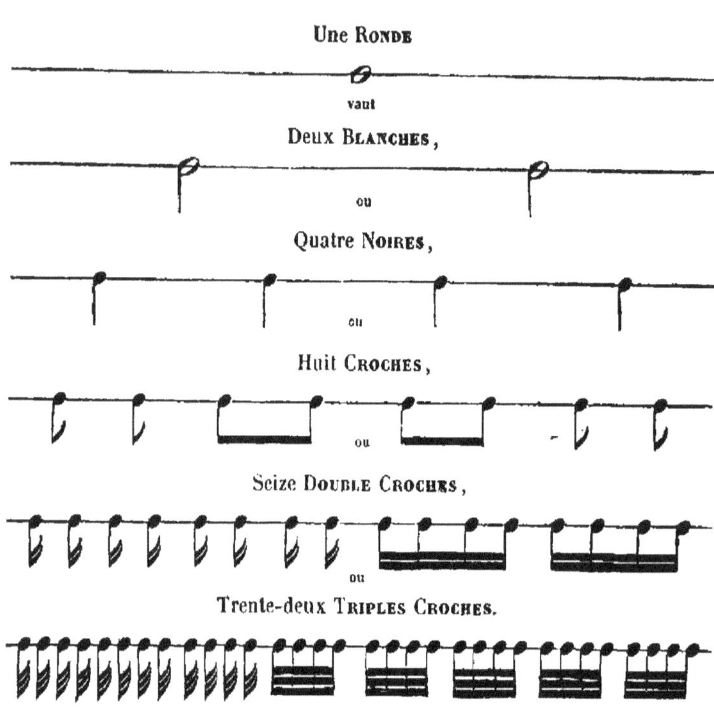

ARTICLE V.

DES FIGURES ET VALEURS DU SILENCE.

D. Combien y a-t-il de figures de valeur de silence?

R. Six sortes, qui correspondent aux six figures de valeur de notes.

D. Nommez-les.

R. *Pause, demi-pause, soupir, demi-soupir, quart de soupir, demi-quart de soupir.*

D. Quelle est la durée du silence de la *pause?*

R. Celle de la valeur d'une ronde, ou d'une mesure.

D. Quelle est la durée du silence de la *demi-pause?*

R. Celle de la valeur d'une blanche ou demi-mesure.

D. Quelle est la durée du silence du *soupir?*
R. Celle de la valeur d'une noire.
D. Quelle est la durée du silence du *demi-soupir?*
R. Celle de la valeur d'une croche.
D. Quelle est la durée du silence du *quart de soupir?*
R. Celle de la valeur d'une double croche.
D. Quelle est la durée du silence du *demi-quart de soupir?*
R. Celle de la valeur d'une triple croche.
D. N'y a-t-il pas d'autres signes de silence?
R. Il y a encore les *bâtons* de quatre mesures et de deux mesures.
D. Quelle est la durée du silence du *bâton* de deux mesures?
R. Celle de la valeur de deux pauses.
D. Quelle est la durée de silence du *bâton* de quatre mesures?
R. Celle de la valeur de quatre pauses. Exemple:

Bâtons de 4 mesures. Bâtons de 2 mesures.

ARTICLE VI.

DU POINT ET DE SA VALEUR.

D. Qu'est-ce que le *point?*

R. C'est un petit signe figurant un point, qui sert à augmenter la note qui le précède de la moitié de sa valeur.

D. Quelle est la valeur du *point* précédé d'une ronde?

R. Le point précédé d'une ronde, vaut la moitié de la ronde, qui est une blanche; de manière que la ronde pointée vaut trois blanches. Exemple :

D. Quelle est la valeur du *point* précédé d'une blanche ?

R. Le point précédé d'une blanche vaut la moitié de la blanche, qui est une noire; de sorte que la blanche pointée vaut trois noires. Exemple :

D. Quelle est la valeur du *point* précédé d'une noire ?

R. Le point précédé d'une noire vaut la moitié de la noire, qui est une croche; de manière que la noire pointée vaut trois croches. Exemple :

D. Quelle est la valeur du *point*, précédé d'une croche ?

R. Le point précédé d'une croche vaut la moitié de la croche, qui est une double croche; de sorte que la croche pointée vaut trois doubles croches. Exemple :

D. Quelle est la valeur du point, précédé d'une double croche?

R. Le point précédé d'une double croche vaut la moitié de la double croche, qui est une triple croche; de manière que la double croche pointée vaut trois triples croches. Exemple:

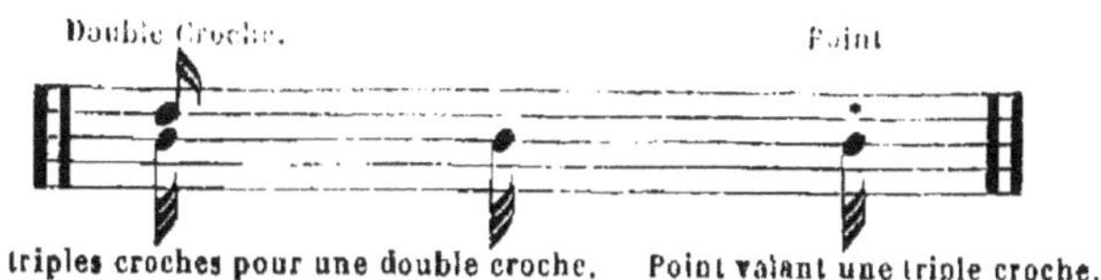

D. Le point augmente-t-il la durée du signe de silence?

R. Oui; il produit sur le silence le même effet que sur la note.

D. Ne peut-on pas placer deux points de suite après une note ou un signe de silence?

R. Oui; mais le second ne vaut que la moitié du premier.

ARTICLE VII.

DES PRINCIPALES MESURES.

D. Combien y a-t-il de principales mesures?

R. Il y en a trois, savoir: la mesure à **2**, **3** et **4** temps.

D. Comment se marque la mesure à 2 temps?

R. De deux manières, par un **2** ou un **₵** barré.

D. Où doit-on placer le signe ou marque de la mesure?

R. Au commencement d'un morceau de musique quelconque, après la clef et les accidents, s'il s'en trouve.

D. A quoi sert le signe de mesure?

R. A conduire le morceau, à 2, 3 ou 4 temps, suivant qu'il est marqué, et à donner la quantité de notes convenables à chacune de ces mesures.

D. Quelle quantité de notes exige la mesure marquée par un **2**, ou un **₵** barré?

R. Elle exige une blanche à chaque temps, ce qui fait deux blanches pour les deux temps, ou l'équivalent.

D. Comment doit se battre cette mesure ?

R. Par deux mouvements égaux: le premier en frappant, le second en levant.

D. Quelle est la note qui seule vaut les deux temps?

R. La ronde. Exemple :

Des quantités de notes de la mesure à deux temps.

Une Ronde. Deux Blanches. Quatre Noires.

C Barré ou un 2.

D. Comment se marque la mesure à trois temps?

R. Par un **3** ou $\frac{3}{4}$.

D. Quelle quantité de notes exige cette mesure ?

R. Elle exige une noire à chaque temps, ou l'équivalent.

D. Comment se bat cette mesure ?

R. Par trois mouvements égaux : le premier en frappant, le second à droite, et le troisième en levant.

D. Quelle est la note qui peut seule remplir les trois temps?

R. La blanche pointée, qu'on doit soutenir jusqu'à ce que les trois temps soient terminés. Exemple :

Blanche pointée. Trois Noires. Six Croches.

D. Comme se marque la mesure en quatre temps?

R. Par un **C**.

D. Quelle quantité de notes exige cette mesure ?

R. Une noire à chaque temps ; ce qui fait quatre noires pour les quatre temps, ou l'équivalent.

D. Comment se bat cette mesure ?

R. Par quatre mouvements égaux, le premier en frappant, le second à gauche, le troisième à droite et le quatrième en levant.

D. Quelle est la note qui peut seule remplir les quatre temps?

R. La ronde, qu'on doit soutenir jusqu'à ce que les quatre temps soient terminés. Exemple :

Une Ronde Deux Blanches. Quatre Noires.

ARTICLE VIII.

DES MESURES COMPOSÉES.

D. Combien y a-t-il de mesures composées?

R. On en compte neuf, dont quatre peu usitées?

D. Quelles sont les plus usitées.

R. $\frac{12}{8}$ | $\frac{6}{8}$ | $\frac{2}{4}$ | $\frac{3}{2}$ | $\frac{3}{4}$ | $\frac{3}{8}$.

D. Que signifient les deux chiffres placés l'un sur l'autre?

R. Le chiffre supérieur sert à marquer la quantité de notes nécessaires à la mesure; et le chiffre inférieur sert à marquer leur qualité.

D. Que signifie le $\frac{6}{8}$?

R. Le 6, chiffre supérieur, indique qu'il faut six notes; et le 8, chiffre inférieur, indique que les six notes sont des huitièmes parties de ronde; ce qui fait six croches.

D. Comment se bat cette mesure?

R. En deux temps égaux, trois croches en frappant et trois en levant, ou l'équivalent.

D. Quelle est la note qui seule vaut les deux temps?

R. C'est la blanche pointée. Exemple:

Six Croches. Une Blanche pointée.

D. Que signifie la mesure marquée par $\frac{2}{4}$?

R. Le 2 étant chiffre supérieur marque qu'il faut deux notes, et le 4, chiffre inférieur, indique que ces deux notes sont deux quarts de ronde, ce qui fait deux noires.

D. Comment se bat cette mesure?

R. Par deux mouvements égaux, une noire en frappant et une en levant, ou l'équivalent.

D. Quelle est la note qui vaut les deux temps?

R. La blanche. Exemple :

D. Que signifie la mesure marquée par $\frac{3}{2}$?

R. Le 3 étant chiffre supérieur indique qu'il faut trois notes, et le 2, chiffre inférieur, indique que ces trois notes sont trois deuxièmes parties de ronde, qui sont trois blanches.

D. Comment se bat cette mesure?

R. En trois temps égaux, ce qui fait une blanche à chaque temps, ou l'équivalent.

D. Quelle est la note qui vaut les trois temps?

R. La ronde pointée, qui vaut trois blanches. Exemple :

Trois Blanches. Ronde pointée.

D. Que signifie la mesure marquée par $\frac{3}{4}$?

R. Le 3 étant chiffre supérieur, indique qu'il faut trois notes, et le 4, chiffre inférieur, marque que ces trois notes sont trois quarts de ronde, ce qui fait trois noires, ou l'équivalent.

D. Comment se bat cette mesure?

R. Elle est semblable sous tous les rapports à la mesure à trois temps. Exemple :

Trois Noires. Une Blanche pointée.

D. Que signifie la mesure marquée par $\frac{3}{8}$?

R. Le 3, chiffre supérieur, indique qu'il faut trois notes, et le 8, chiffre inférieur, indique que ces trois notes sont trois huitièmes parties de la ronde, ce qui fait trois croches.

D. Comment se bat cette mesure?

R. Par trois mouvements égaux, une croche à chaque temps, ou l'équivalent.

D. Quelle est la note qui vaut les trois temps ?

R. La noire pointée. Exemple:

D. Quelles sont les mesures les moins usitées?

R. Il y en a quatre, savoir: $\frac{12}{8}$ | $\frac{6}{4}$ | $\frac{9}{4}$ | $\frac{9}{8}$.

D. Que signifie la mesure marquée $\frac{12}{8}$?

R. Le 12, chiffre supérieur, indique qu'il faut douze notes, et le 8, chiffre inférieur, indique que ces douze notes sont douze huitièmes parties de la ronde, ce qui fait douze croches.

D. Comment se bat cette mesure?

R. Elle se bat en quatre temps égaux, ce qui fait trois croches à chaque temps, ou l'équivalent.

D. Quelle est la note qui vaut les quatre temps?

R. C'est la ronde pointée. Exemple:

D. Que signifie la mesure marquée $\frac{6}{4}$.

R. Le 6, chiffre supérieur, indique qu'il faut six notes, et le 4, chiffre inférieur, indique que ces six notes sont des quatrièmes parties, ce qui fait six noires.

D. Comment se bat cette mesure?

R. En deux temps égaux; trois noires à chaque temps, ou l'équivalent.

D. Quelle est la note qui vaut seule les deux temps?

R. La ronde pointée. Exemple:

Six noires. Ronde pointée.

D. Que signifie la mesure marquée par $\frac{9}{4}$?

R. Le 9 étant chiffre supérieur, indique qu'il faut neuf notes, et le 4, chiffre inférieur, indique que ces neuf notes sont neuf quatrièmes parties de ronde, ce qui fait neuf noires.

D. Comment se bat cette mesure?

R. En trois temps égaux, trois noires à chaque temps, ou l'équivalent. Exemple:

Neuf noires.

D. Que signifie la mesure marquée par $\frac{9}{8}$?

R. Le 9, chiffre supérieur, indique qu'il faut neuf notes, et le 8, chiffre inférieur, indique que ces neuf notes sont neuf huitièmes parties de ronde; ce qui fait neuf croches.

D. Comment se bat cette mesure?

R. En trois temps égaux; trois croches à chaque temps, ou l'équivalent. Exemple:

Neuf croches.

D. Comment peut-on connaître s'il faut battre à trois temps, ou à deux?

R. En règle générale, toute mesure paire se bat à 2 ou 4 temps, et toute mesure impaire se bat à trois temps.

ARTICLE IX.

DU TRIOLET, DU COULÉ, DE LA SYNCOPE, DU RENVOI, DES POINTS DE REPRISES, ET DU POINT-D'ORGUE.

D. Qu'est-ce que le *triolet?*

R. Ce sont trois notes de même espèce qu'il faut passer dans le même espace de temps que l'on serait à en passer deux de la même espèce.

D. Comment distingue-t-on le *triolet?*

R. Par le chiffre 3, que l'on place au-dessus des trois notes.

D. Ne place-t-on pas quelque fois le chiffre six au-dessus de six notes?

D. Oui: il indique, d'après le même principe, qu'il faut passer six notes, dans le même espace de temps, que l'on serait à en passer quatre.

D. Qu'est-ce que le *coulé?*

R. C'est un signe en forme d'arc, que l'on place au-dessus des notes pour les lier ensemble. Exemple :

D. Qu'est-ce que la *syncope?*

R. C'est le prolongement sur le temps fort d'un son commencé sur le temps faible.

D. Qu'est-ce que le temps fort?

R. C'est quand l'on frappe; et le temps faible quand l'on lève.

D. Comment connaît-on quand on doit syncoper une ronde?

R. Lorsqu'elle se trouve entre deux blanches, ou leur valeur.

D. Quand doit-on syncoper une blanche?

R. Lorsqu'elle se trouve entre deux noires, ou leur valeur.

D. Quand doit-on syncoper une noire?

R. Lorsqu'elle se trouve entre deux croches, ou leur valeur.

D. Quand doit-on syncoper une croche?

R. Quand elle se trouve entre deux doubles croches, ou leur valeur.

D. Quand doit-on syncoper une double croche?

R. Lorsqu'elle se trouve entre deux triples croches, ou leur valeur.

D. Les signes de silence peuvent-ils faire syncoper une note?

R. Oui, si le signe de silence occupe la valeur de la note qui convient à la syncope. Et, en règle générale, toute note qui finit un temps et qui en commence un autre doit être syncopée. Exemple:

D. Qu'est-ce que le *renvoi*?

R. C'est un signe qui correspond à un autre signe semblable: et qui indique que du second il faut retourner au premier, jusqu'au mot *fin*. Exemple:

Signes de renvoi.

D. Qu'est-ce que les *points de reprises?*

R. Ce sont deux barres ponctuées à droite et à gauche, que l'on trouve au milieu d'un morceau de musique.

D. Que marquent les deux points de droite?

R. Ils marquent qu'il faut répéter deux fois la première reprise.

D. Que marquent les deux points de gauche?

R. Ils marquent qu'il faut répéter deux fois la deuxième reprise; et, lorsqu'il ne se trouve pas de points, on ne les répète pas. Exemple:

D. Qu'est-ce que le *point-d'orgue?*

R. C'est un signe en forme d'arc, avec un point en dedans, que l'on met au-dessus d'une note pour la prolonger à volonté. Exemple:

D. A quoi servent les petites barres qu'on trouve de distance en distance dans la musique?

R. Elles servent à renfermer la quantité de notes nécessaire pour compléter la mesure.

ARTICLE X.

DES DIFFÉRENTS DEGRÉS ET NOMS DES INTERVALLES.

D. Combien y a-t-il de sortes de degrés?

R. Il y a deux sortes de degrés, le *conjoint* et le *disjoint.*

D. Qu'est-ce que le degré conjoint?

R. C'est quand les notes se suivent, comme: *ut, ré, mi, fa,* etc.

D. Qu'est-ce que le degré disjoint?

R. C'est quand les notes ne se suivent pas, comme: *ut, mi, sol*, etc.

D. Qu'est-ce qu'un intervalle?

R. C'est la distance d'une note à une autre.

D. Quel intervalle y a-t-il d'un *ut*, à un autre *ut* sur le même degré?

R. Il n'y en a aucun: c'est ce que l'on nomme *unisson.*

D. Quel intervalle y a-t-il de l'*ut* au *ré*, en montant?

R. Une *seconde.*

D. De l'*ut* au *mi?*

R. Une *tierce.*

D. De l'*ut* au *fa?*

R. Une *quarte.*

D. De l'*ut* au *sol?*

R. Une *quinte.*

D. De l'*ut* au *la?*

R. Une *sixte.*

D. De l'*ut* au *si?*

R. Une *septième.*

D. De l'*ut* à l'*ut?*

R. Une *octave.*

D. Ne peut-on pas monter plus haut ces intervalles?

R. Oui, on pourrait monter de neuvième, dixième, onzième, douzième, et ainsi de suite. Exemple:

D. Quel intervalle y a-t-il de l'*ut* au *si* en descendant?

R. Une *seconde*.

D. De l'*ut* au *la*?

R. Une *tierce*.

D. De l'*ut* au *sol*?

R. Une *quarte*.

D. De l'*ut* au *fa*?

R. Une *quinte*.

D. De l'*ut* au *mi*?

R. Une *sixte*.

D. De l'*ut* au *ré*?

R. Une *septième*.

D. De l'*ut* à l'*ut*?

R. Une *octave*.

D. Ne peut-on pas descendre plus bas ces intervalles?

R. Oui; on peut descendre de neuvième, dixième, onzième, etc. Exemple:

ARTICLE XI.

DES ACCIDENTS, DE LEURS EMPLOIS, DE LEURS NOMS ET DE LEURS POSITIONS.

D. Combien y a-t-il d'accidents?

R. Il y en a trois : le *dièse,* le *bémol* et le *bécarre.* Exemple:

dièse bémol bécarre double-dièse double-bémol

D. A quoi sert le *dièse?*

R. A hausser la note d'un demi-ton.

D. Toutes les notes peuvent-elles être diésées?

R. Oui.

D. Combien y a-t-il de dièses?

R. Il y en a sept.

D. Quel est l'ordre de les placer?

R. De quinte en quinte, ou de cinq degrés en cinq degrés, en montant.

D. Comment se nomment-ils?

R. *Fa, ut, sol, ré, la, mi, si.*
1 2 3 4 5 6 7

D. A quoi sert le *bémol?*

R. A baisser la note d'un demi-ton.

D. Toutes les notes peuvent-elles être bémolisées?

R. Oui.

D. Combien y a-t-il de bémols?

R. Il y en a sept.

D. Comment doit-on les placer?

R. Ils se placent de quarte en quarte, ou de quatre degrés en quatre degrés, en montant.

D. Comment se nomment-ils?

R. *Si, mi, la, ré, sol, ut, fa.*
1 2 3 4 5 6 7

D. A quoi sert le *double-dièse?*

R. A hausser d'un demi-ton la note déjà haussée par le simple dièse.

D. A quoi sert le *double-bémol?*

R. A baisser d'un demi-ton la note déjà baissée.

D. A quoi sert le *bécarre?*

R. Il sert à remettre la note dans son ton naturel, après avoir été haussée par le dièse, ou baissée par le bémol.

D. Où doit-on placer les dièses ou les bémols?

R. Au commencement, d'abord après la clef.

D. Peut-on les placer indistinctement?

R. Non ; car si le ton dans lequel on doit jouer ou chanter exige deux dièses ou bémols, on ne peut placer que les deux premiers, et ainsi de suite.

Position des dièses.

Position des bémols.

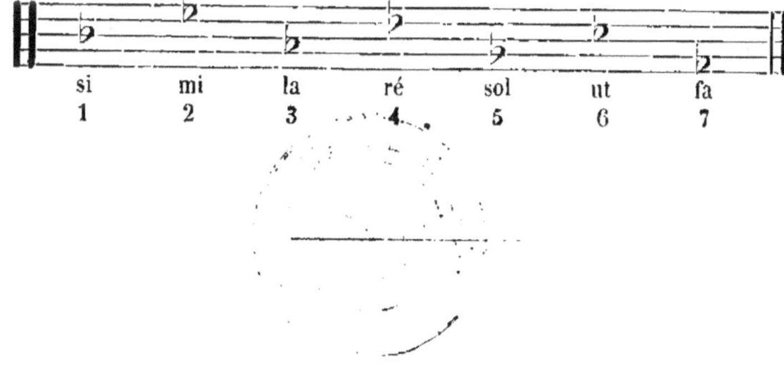

ARTICLE XII.

DES DIFFÉRENTS MODES OU GENRES.

D. Combien y a-t-il de modes dans la musique?

R. Il y en a de deux sortes: le *majeur* et le *mineur*.

D. Comment distingue-t-on le *majeur* d'avec le *mineur?*

R. On le distingue par la tierce, ou la troisième note du ton.

D. Qu'est-ce que la note du ton?

R. C'est celle qui finit un air, et qu'on appelle *tonique*.

D. Qu'est-ce que la troisième note, ou la tierce du ton?

R. C'est la note qui forme le troisième degré au-dessus de la *tonique*.

D. De combien de tons est composée la tierce majeure?

R. De deux tons.

D. De combien de tons est composée la tierce mineure?

R. D'un ton et demi.

D. Donnez un exemple de tierce majeure?

R. En prenant *ut* pour tonique, sa tierce au-dessus donne *mi;* par conséquent, d'*ut* à *mi,* c'est une tierce majeure, parce qu'il y a deux tons de l'un à l'autre.

D. Ne peut-on pas rendre mineure cette tierce majeure?

R. Oui, en baissant le *mi* d'un demi-ton par le moyen d'un bémol.

D. Donnez un exemple de tierce mineure?

R. En prenant *ré* pour tonique, sa tierce au-dessus donne *fa;* par conséquent du *ré* au *fa* c'est une tierce mineure, parce qu'il n'y a qu'un ton et demi de l'un à l'autre.

D. Ne peut-on pas rendre majeure cette tierce mineure?

R. Oui, en élevant le *fa* d'un demi-ton par le moyen d'un dièse.

ARTICLE XIII.

DU MOYEN DE RECONNAÎTRE LE TON DANS LEQUEL ON EXÉCUTE, AVEC DES DIÈSES A LA CLEF.

D. Comment connait-on en quel ton est un morceau de musique?

R. De deux manières: premièrement par les dièses ou bémols dont la clef est armée; secondement par la note sensible.

D. Et s'il n'y a ni dièse ni bémol à la clef?

R. On se trouve alors dans le ton naturel, qui est le ton d'*ut* majeur, ou dans celui de *la* mineur son relatif.

D. Qu'entendez-vous par *relatif?*

R. J'entends que nous avons toujours deux tons, qui nous présentent toujours la même alternative, et qui ont entre eux une relation réciproque; de manière que chaque majeur a un relatif mineur.

D. Comment reconnaître à quel majeur appartient tel ou tel relatif mineur?

R. En remarquant que le relatif mineur est toujours une tierce au-dessous du majeur dont il est dérivé.

D. Qu'est-ce qui donne lieu au mot *relatif?*

R. C'est qu'il ne faut pas plus de dièses ou bémols pour le majeur que pour le relatif mineur.

D. Donnez-m'en un exemple.

R. Le ton d'*ut* majeur ne souffre ni dièse ni bémol à la clef, non plus que le ton de *la* mineur son relatif.

D. Comment pourrais-je distinguer le ton d'*ut* majeur ou de *la* mineur?

R. En remarquant la note sensible de chaque ton.

D. Qu'est-ce que la *note sensible?*

R. C'est toujours la septième note du ton.

D. Pourquoi la nomme-t-on *sensible*?

R. Parce que, n'étant éloignée que d'un demi-ton de la tonique, elle semble l'annoncer.

D. Donnez-m'en un exemple.

R. En prenant *ut* pour tonique, la note *si* en est la sensible.

D. Donnez-m'en un exemple dans son relatif mineur?

R. En prenant *la* pour tonique, la note sensible est *sol* dièse.

D. Pourquoi le *sol* est-il dièse?

R. On le rend dièse accidentellement pour qu'il ne soit éloigné que d'un demi-ton de la tonique.

D. D'où vient la nécessité de chercher la note sensible pour connaître le ton?

R. Les deux tons relatifs, portant la même quantité de dièses et de bémols à la clef, il serait difficile de distinguer le majeur du mineur.

D. La note sensible donne-t-elle cette facilité?

R. Oui; l'on peut facilement la remarquer dans le courant des huit ou dix premières mesures d'un morceau; parce que la note sensible se marque accidentellement dans un mineur.

D. Pourquoi ne pas marquer la note sensible à la clef?

R. Parce que, dans le ton mineur relatif, on est forcé d'altérer la note sensible, et cela détruirait l'analogie qu'il y a entre le majeur et le mineur.

D. Est-il quelque cas où l'on peut reconnaître la note sensible à la clef?

R. Oui, pour les tons majeurs où il y a des dièses.

D. Comment cela?

R. Parce que le dernier dièse posé à la clef est toujours la note sensible d'un ton majeur.

D. S'il n'y a qu'un dièse?

R. Ce sera le *fa*, note sensible de *sol*.

D. Le morceau en ce cas est donc en *sol* majeur?

R. Oui; mais il peut être aussi en *mi* mineur son relatif.

D. Comment peut-on s'en convaincre?

R. En cherchant, comme nous l'avons dit, dans les dix ou douze premières mesures la note sensible de *mi*, qui est *ré* dièse; ne la trouvant pas, nous sommes sûrement en *sol* majeur.

D. En quel ton sommes-nous avec deux dièses à la clef?

R. D'après l'ordre de placer les dièses, ce ne peut être que *fa* et *ut;* nous sommes alors dans le ton de *ré* majeur ou de *si* mineur son relatif.

D. Comment s'assurer lequel des deux?

R. En parcourant les huit ou dix premières mesures, et en voyant si l'on rencontre le *la* dièse; il nous indiquera le ton de *si* mineur; et, ne s'y trouvant pas, nous serons en *ré* majeur.

D. N'y a-t-il pas un moyen plus prompt?

R. Non; ce n'est qu'une longue habitude qui peut nous mettre au fait au premier coup-d'œil.

ARTICLE XIV.

DU MOYEN DE RECONNAÎTRE LE TON LORSQU'IL Y A DES BÉMOLS A LA CLEF.

D. Comment connaît-on en quel ton est un morceau de musique avec un bémol à la clef?

R. Lorsqu'il n'y a qu'un bémol à la clef, le quatrième degré au-dessous est toujours la note tonique du majeur; son relatif mineur est comme pour les dièses, une tierce au-dessous.

D. Donnez-m'en un exemple?

R. Le premier bémol à poser ne peut être que le *si;* la quarte au-dessous est *fa*, qui est la tonique majeure: son relatif est une tierce au-dessous de ce *fa*, qui est *ré* mineur.

D. Comment distinguer l'un de l'autre?

R. Par la même opération que pour les dièses, en recourant à la note sensible de *ré*, qui est *ut* dièse.

D, S'il y a deux bémols à la clef?

R. C'est alors la pénultième qui désigne le ton majeur.

D. Donnez-m'en un exemple?

R. S'il y a deux bémols à la clef, ce ne peut être que *si* et *mi;* le *si*, étant la pénultième, désigne le ton de *si* bémol majeur: son relatif mineur est une tierce au-dessous, comme à l'ordinaire.

D. S'il y a trois bémols à la clef?

R. Ce ne peut être que *si, mi, la;* la pénultième *mi* nous indiquera le ton du *mi* bémol majeur, dont *ut* est le relatif mineur.

D. Cette règle est donc générale ?

R. Oui; les mêmes moyens s'emploient pour toute la succession des bémols.

FIN.

Procédés de Tantenstein et Cordel, 36, rue de la Harpe.

www.ingramcontent.com/pod-product-compliance
Lightning Source LLC
LaVergne TN
LVHW010309230826
846091LV00007BB/2784

9782329373607